INSTRUCTION DU 3 MAI 1902

pour l'application de la loi et du décrets relatifs à

L'AFFRANCHISSEMENT

A TITRE GRATUIT

DES LETTRES PROVENANT

DES SOUS-OFFICIERS, CAPORAUX ET SOLDATS

PARIS

Henri CHARLES-LAVAUZELLE

Éditeur militaire

10, Rue Danton, Boulevard Saint-Germain, 118

—

(MÊME MAISON A LIMOGES)

INSTRUCTION DU 3 MAI 1902

sur l'application de la loi et du décret relatifs à

L'AFFRANCHISSEMENT

A TITRE GRATUIT

des lettres provenant des Sous-Officiers, Caporaux et Soldats

INSTRUCTION DU 3 MAI 1902

pour l'application de la loi et du décrets relatifs à

L'AFFRANCHISSEMENT

A TITRE GRATUIT

DES LETTRES PROVENANT

DES SOUS-OFFICIERS, CAPORAUX ET SOLDATS

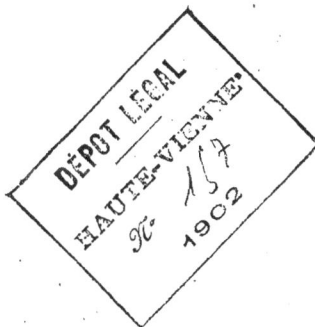

IMPRIMERIE LIBRAIRIE MILITAIRE H.C.L. PARIS

PARIS

Henri CHARLES-LAVAUZELLE

Éditeur militaire

10, Rue Danton, Boulevard Saint-Germain, 118

———

(MÊME MAISON A LIMOGES)

INSTRUCTION DU 3 MAI 1902

pour l'application de la loi et du décret relatifs à

L'AFFRANCHISSEMENT

A TITRE GRATUIT

des lettres provenant des Sous-Officiers, Caporaux et Soldats

---

CHAPITRE PREMIER.

DISPOSITIONS GÉNÉRALES.

Nature de l'exemption de port. — Timbres-poste spéciaux.

Art. 1er. La loi du 29 décembre 1900 accorde aux sous-officiers et soldats en activité de service dans l'armée de terre (armée métropolitaine et troupes coloniales) et aux officiers mariniers, marins et assimilés en activité de service dans l'armée de mer, le droit à l'exemption de port pour l'expédition de deux lettres simples par mois.

La franchise est constatée par l'application, sur chaque lettre simple, c'est-à-dire ne dépassant pas le poids de 15 grammes, d'un timbre-poste spécial.

En ce qui concerne les lettres recommandées ou les lettres pesant plus de 15 grammes, les dispositions du paragraphe 3 de l'article 2 du décret du 25 mars 1901 sont applicables.

Ce timbre n'assure la gratuité que pour les lettres simples expédiées par les militaires et marins à destination de la France, de l'Algérie, de la Tunisie et des colonies françaises.

Militaires auxquels est acquis le droit à l'exemption de port.

Art. 2. Le droit à l'exemption de port est acquis, dans les conditions sus-indiquées :

1° Aux sous-officiers, caporaux ou brigadiers et soldats de l'armée active, de la réserve et de l'armée territoriale (armée métropolitaine et troupes coloniales) présents au corps, en traitement dans les hôpitaux militaires et les hospices civils ou en détention (prévenus ou condamnés);

2° Aux exclus de l'armée placés dans la même situation.

Doivent également être compris, dans l'énumération des parties prenantes, au titre du Département de la guerre, les officiers mariniers, marins et assimilés en activité de service, en traitement dans les hôpitaux militaires et les hospices civils (y compris les réservistes et les inscrits maritimes rappelés pour période d'exercices).

Autorités chargées de l'approvisionnement des corps et services
en timbres-poste spéciaux.

Art. 3. L'approvisionnement des corps et services de la guerre et des ayants droit des troupes de l'armée de mer, en traitement dans les hôpitaux militaires et les hospices civils, est exclusivement assuré, en principe, par le sous-intendant militaire chargé du service des frais de route dans chaque département (France et Algérie) ou dans la division de Tunisie.

Si, exceptionnellement, il est reconnu nécessaire de fractionner le service dans un même département, un ou plusieurs autres sous-intendants peuvent être désignés par le Ministre de la guerre pour assurer le service dans chaque nouvelle circonscription départementale. Ces circonscriptions ne pourront être créées qu'après entente avec le Ministre du commerce, de l'industrie, des postes et télégraphes.

Chaque sous-intendant désigné (qu'il y en ait un ou plusieurs par département) doit pourvoir aux besoins de tous les corps, services et détachements stationnés sur le territoire qui lui a été assigné, quel que soit le corps d'armée auquel appartiennent ces corps ou détachements.

CHAPITRE II.

MODE D'APPROVISIONNEMENT, PAR L'AGENT COMPTABLE DE LA FABRICATION DES TIMBRES-POSTE, DES FIGURINES DESTINÉES AUX DIFFÉRENTS CORPS ET SERVICES DE LA GUERRE.

Demandes à adresser à l'agent comptable de la fabrication
des timbres-poste.

Art. 4. L'approvisionnement des timbres-poste spéciaux, destinés aux corps et services, est constitué par l'agent comptable de la fabrication des timbres-poste à Paris, sur demandes directes émanant des fonctionnaires de l'intendance militaire désignés à cet effet.

Ces demandes sont faites trimestriellement et doivent parvenir à l'agent comptable des timbres-poste avant le 25 du dernier mois du trimestre.

Elles sont appuyées d'états d'effectifs régulièrement constatés, conformes au modèle n° 1 annexé à la présente instruction, et tiennent compte des timbres disponibles de la livraison précédente.

Envoi des figurines par l'agent comptable de la fabrication des timbres-poste.

Art. 5. Dès qu'il a reçu les demandes transmises dans les conditions ci-dessus énoncées, l'agent comptable de la fabrication des timbres-poste adresse directement au fonctionnaire de l'intendance militaire, duquel émane la demande, le nombre de timbres spéciaux indiqué.

Les figurines sont accompagnées d'une lettre d'envoi comportant accusé de réception.

Ouverture et vérification des paquets. — Envoi de l'accusé de réception.

Art. 6. A l'arrivée d'un paquet de figurines à son adresse, le fonctionnaire de l'intendance militaire fait l'ouverture du paquet qui lui est destiné et procède à la vérification des quantités inscrites sur la lettre d'envoi.

Si aucune différence n'est constatée entre les quantités envoyées et celles reçues, le fonctionnaire de l'intendance adresse en double expédition, à l'agent comptable de la fabrication, un accusé de réception revêtu de sa signature.

Procès-verbal des différences reconnues à l'ouverture d'un paquet reçu de l'agent comptable.

Art. 7. Si des différences sont reconnues dans le nombre des figurines comprises dans l'envoi, un procès-verbal, dressé par le sous-intendant militaire, constate :

1° L'état de l'enveloppe et des cachets ;

2° Le nombre de figurines trouvées dans le paquet ;

3° La différence entre ce nombre et celui que porte la lettre d'envoi.

Ampliation de ce procès-verbal est dressée en deux expéditions, revêtues de la signature du fonctionnaire de l'intendance militaire.

Ces deux expéditions sont jointes à l'accusé de réception envoyé à l'agent comptable de la fabrication, et le procès-verbal est mentionné à la première partie du registre-balance (modèle n° 2, annexé à la présente instruction).

Paquet de figurines reconnu à l'ouverture destiné à un autre fonctionnaire.

Art. 8. Si un paquet de figurines est reconnu, après ouverture, destiné à un fonctionnaire de l'intendance autre que celui qui le reçoit, le contenu en est vérifié et constaté dans la forme ci-dessus prescrite.

Ce paquet est refermé et dirigé, sous chargement, sur sa destination.

Procès-verbal du fait est dressé en double expédition, l'une est transmise à l'agent comptable de la fabrication, l'autre au fonctionnaire de l'intendance militaire destinataire.

Prise en charge, par les fonctionnaires de l'intendance militaire désignés, des envois de figurines.

Art. 9. Les fonctionnaires de l'intendance militaire désignés sont personnellement responsables de la garde, de la conservation et des délivrances des timbres-poste spéciaux destinés à la franchise militaire. A cet effet, ils inscrivent, à la date de leur réception, les quantités de figurines qu'ils ont réellement reçues, à la deuxième partie du registre-balance (modèle n° 2).

Garde et conservation des figurines en approvisionnement.

Art. 10. Les figurines dont les fonctionnaires de l'intendance militaire désignés sont détenteurs, en attendant leur délivrance aux corps ou service, sont renfermées dans une caisse ou un meuble dont ils conservent la clef.

Retrait des figurines détériorées comprises dans l'approvisionnement.

Art. 11. Lorsque des figurines, envoyées par l'agent comptable de la fabrication des timbres-poste, parviennent aux fonctionnaires de l'intendance militaire désignés, détériorées et hors d'état d'être livrées aux bénéficiaires; ou lorsque, parmi celles que comprend l'approvisionnement, il s'en trouve qui sont devenues inutilisables, soit par suite de vétusté, soit pour une cause accidentelle quelconque, il est procédé à leur retrait.

Le fonctionnaire de l'intendance militaire établit, en triple expédition, un relevé présentant le nombre de figurines détériorées dont il a à faire le renvoi.

Deux expéditions du relevé, accompagnées des figurines, sont adressées sous chargement, en franchise, à l'agent comptable de la fabrication des timbres-poste, par les soins du fonctionnaire de l'intendance militaire.

La troisième expédition du relevé est conservée par le fonctionnaire de l'intendance militaire, jusqu'à ce que l'agent comptable de la fabrication des timbres-poste l'ait avisé des résultats de son propre contrôle.

CHAPITRE III.

Approvisionnement pour des cas imprévus.

Art. 12. Afin de pourvoir aux cas imprévus, les fonctionnaires de l'intendance militaire désignés sont pourvus d'un approvisionnement de prévoyance de timbres-poste spéciaux dont ils sont responsables, dans les conditions prévues aux articles 9 et 10.

L'importance de cet approvisionnement est déterminée, pour chaque fonctionnaire désigné par le général commandant le corps d'armée, et, en Tunisie, par le général commandant la division d'occupation.

Remplacement des timbres prélevés dans l'approvisionnement de prévoyance.

Art. 13. En cas de prélèvements sur ce stock, la demande de remplacement de timbres manquant pour le tenir au complet réglementaire est comprise, à titre distinct, dans l'état trimestriel modèle n° 1, adressé à l'agent comptable de la fabrication, sous la rubrique : « Réapprovisionnement du stock de prévoyance ».

Timbres en excédent sur l'apport de prévoyance.

Art. 14. Lorsque par suite de remises opérées par un corps ou service, l'approvisionnement d'un fonctionnaire désigné dépasse le chiffre fixé par le général commandant le corps d'armée, l'excédent de timbres est déduit de la plus prochaine demande à adresser à l'agent comptable de la fabrication et délivré aux corps ou services du département dans les conditions ordinaires.

CHAPITRE IV.

Mode d'établissement des demandes à adresser par les corps ou services aux fonctionnaires de l'intendance militaire désignés.

Art. 15. Les demandes de timbres-poste, pour l'approvisionnement ou les délivrances à effectuer aux corps et services, sont adressées trimestriellement au fonctionnaire de l'intendance militaire désigné à cet effet, appuyées, par corps, service ou détachement, d'un état d'effectif indiquant :

1° L'effectif réel des militaires ayant droit à l'exemption postale ;

2° Le nombre de timbres disponibles en approvisionnement.

Cet états, conformes au modèle n° 3, doivent parvenir au fonctionnaire de l'intendance militaire désigné avant le 15 du dernier mois du trimestre.

Ils sont ensuite récapitulés par le fonctionnaire de l'intendance militaire et compris dans la demande générale adressée à l'agent comptable de la fabrication des timbres-poste, comme il est dit à l'article 4.

Autorités militaires chargées d'adresser les demandes aux fonctionnaires de l'intendance militaire désignés.

Art. 16. Les états de demandes prévus par l'article 15 ci-dessus sont établis par les chefs de corps, de service ou de détachement et adressés directement au sous-intendant désigné.

Les corps ou services comprennent sur leurs demandes les besoins des détachements stationnés dans le même arrondissement de fourniture de timbres-poste (département ou fraction de département) que la portion centrale ou principale.

Les détachements stationnés dans un arrondissement de fourniture autre que celui de la portion centrale ou principale adressent directement leur demande au sous-intendant chargé d'assurer le service sur le territoire où ils sont stationnés.

Exception est faite pour les brigades de gendarmerie, qui reçoivent les timbres-poste dont elles ont besoin par les soins de leur compagnie, quelle que soit leur résidence, dans le département.

Il est entendu que les fractions détachées reçoivent de la portion centrale ou principale, au moment où elles s'en séparent, les timbres nécessaires à leurs premiers besoins.

Envoi, par les fonctionnaires de l'intendance militaire désignés, des timbres spéciaux demandés par les corps ou services.

Art. 17. Les fonctionnaires de l'intendance désignés satisfont aux demandes de timbres spéciaux dont ils sont saisis par les corps ou services, soit dès qu'ils ont reçu de l'agent comptable de la fabrication le nombre de figurines compris dans leur demande trimestrielle, soit, en cas de besoins urgents, au moyen d'un prélèvement sur l'approvisionnement de prévoyance qu'ils conservent, conformément aux prescriptions de l'article 12.

Le nombre de timbres demandé est mis sous enveloppe cachetée à la cire et adressé au chef de corps, de service ou de détachement, accompagné d'un état numérique, en double expédition.

L'une de ces expéditions est conservée par le corps, service ou détachement pour la prise en charge dans ses écritures ; la seconde, revêtue de l'accusé de réception du chef de corps, de service ou de détachement, fait retour au fonctionnaire de l'intendance militaire, qui la conserve comme pièce justificative des délivrances qu'il a faites.

Différences constatées entre les quantités annoncées et les quantités reçues par les corps ou services.

Art. 18. En cas de différences constatées entre les quantités reçues et les quantités annoncées, un procès-verbal est dressé par l'autorité administrative locale, conformément aux dispositions en vigueur pour la comptabilité-matières.

Envois à faire pour le personnel des corps et services dans les colonies.

Art. 19. Les envois à effectuer aux personnels des corps et services aux colonies n'ont lieu qu'une fois par an, sur demandes établies par les chefs de corps, de service ou de détachement.

Inscription en sortie des timbres délivrés par les fonctionnaires de l'intendance militaire désignés. — Prise en charge des timbres remis par les corps ou services.

Art. 20. Les quantités de timbres délivrées, par les fonctionnaires de l'intendance militaire désignés, aux corps ou service, sont portées en sortie à leur date, sur le registre-balance (modèle n° 2). Les remises opérées par les corps ou services sont également prises en charge, sur le même registre, ainsi que les renvois des titres détériorés ou hors d'usage effectués par les corps ou services.

Dans ce dernier cas, l'inscription de sortie est faite provisoirement, après accomplissement des formalités indiquées à l'article 11.

Prises en charge des timbres-poste spéciaux par les corps ou services.

Art. 21. Les timbres reçus du fonctionnaire de l'intendance par les corps, services ou détachements, ou reçus de leur corps par certains détachements, sont immédiatement pris en charge sur le registre (modèle n° 5), tenu par le trésorier, dans les corps de troupe, ou par celui qui en remplit les fonctions, dans les services ou détachements.

Les timbres sont conservés dans une caisse ou un meuble fermant à clef, et les plus grandes précautions doivent être prises pour assurer leur conservation.

Le trésorier, ou celui qui en remplit les fonctions, remet au vaguemestre, au fur et à mesure des besoins, les timbres jugés nécessaires pour assurer le service pendant une période dont la durée est fixée par le chef de corps, de service ou de détachement.

Le vaguemestre tient un carnet d'enregistrement (modèle n° 6) des entrées et sorties de timbres.

Vérification mensuelle des timbres en approvisionnement.

Art. 22. Chaque mois, le major, l'officier qui en remplit les fonctions ou le chef de détachement dans un corps de troupe, l'officier ou assimilé désigné par le chef de service, en dehors des corps de troupe, procède à la vérification des timbres disponibles restant à la charge :

1° Du trésorier ou de celui qui en tient lieu, en rapprochant les pièces de recette, constatant les entrées, des pièces de sortie, constituées par les émargements sur le registre n° 5 et par tous les autres récépissés ;

2° Du vaguemestre, en rapprochant les inscriptions du registre modèle n° 6, des émargements apposés sur les carnets nominatifs modèle n° 4.

Les résultats de la vérification sont consignés sur les différents registres.

Renvoi, au fonctionnaire de l'intendance militaire désigné, des figurines détériorées comprises dans l'approvisionnement des corps ou services.

Art. 23. Lorsque l'approvisionnement du corps ou service comprend des figurines qui, pour un motif quelconque, ne peuvent plus être utilisées, le corps ou service détenteur en effectue le renvoi sous pli chargé, en franchise, au fonctionnaire de l'intendance militaire par les soins duquel il a été approvisionné.

Les figurines hors de service sont accompagnées d'un rapport en double expédition, indiquant le motif pour lequel elles sont devenues inutilisables.

Une expédition de ce rapport est transmise par le fonctionnaire de l'intendance militaire désigné, avec les figurines, à l'agent comptable de la fabrication des timbres-poste (art. 11).

CHAPITRE V.

FORMALITÉS AUXQUELLES DONNE LIEU
LA DÉLIVRANCE DES TIMBRES-POSTE SPÉCIAUX AUX MILITAIRES.

Fixation du droit à la franchise postale.

Art. 24. La franchise postale n'est accordée que pour deux lettres simples par mois (loi du 29 décembre 1900), l'intéressé restant libre d'envoyer ces deux lettres aux dates qu'il juge convenable et même simultanément.

Le droit du militaire est acquis pour les deux lettres dès le premier jour de chaque mois, et il subsiste jusqu'au dernier jour dudit mois, intégralement ou en partie, tant qu'il n'a pas été épuisé. L'intéressé peut donc prétendre à deux timbres, quelle que soit la date de son départ du corps ou celle de son retour à la suite d'une absence.

Le droit à l'expédition de deux lettres en franchise s'applique aussi aux réservistes convoqués pour une période de 28 jours et même aux territoriaux convoqués pour 13 jours, mais en considérant chaque convocation comme unité indivisible de temps, équivalente à un mois, même lorsqu'elle chevauche sur deux mois différents.

Tout militaire qui, dans le cours d'un mois, n'a pas épuisé son droit, perd le bénéfice des timbres non utilisés pendant le mois.

Tenue d'un carnet nominatif pour la constatation des envois de lettres jouissant de la franchise postale.

Art. 25. Dans le but de constater l'identité des hommes appelés à bénéficier de l'exemption de port, il est tenu, dans les corps ou services, un carnet nominatif conforme au modèle n° 4 annexé à la présente instruction.

Ce carnet, coté et paraphé, préalablement à sa mise en service, par le major ou par l'officier qui en remplit les fonctions, par le chef de détachement dans les corps de troupe, par le chef de service en dehors des corps de troupe, comporte, pour chaque envoi de lettre jouissant du bénéfice de la franchise militaire, l'émargement de l'expéditeur.

Lorsque l'expéditeur ne sait pas signer, cet émargement est remplacé par la signature d'un sous-officier désigné.

Dans les brigades de gendarmerie, les timbres spéciaux sont envoyés par le commandant de la compagnie aux chefs de brigade, qui les délivrent aux gendarmes.

Ces timbres sont portés en sortie sur le registre modèle n° 5, et la sortie est justifiée par le récépissé des destinataires.

Autorités chargées de la tenue du carnet nominatif.

Art. 26. Le carnet nominatif est tenu, pour chaque unité administrative ou détachement, et dans chaque service, par un sous-officier, désigné à cet effet par le chef de corps, de détachement ou de service.

Dans les hôpitaux militaires, il est tenu par le comptable; dans les hospices civils, mixtes ou militarisés, par l'économe;

Dans les brigades de gendarmerie, par le chef de la brigade.

Le commandant d'armes désigne le corps, ou à défaut le service, auquel devront être rattachés, pour la franchise postale, les isolés en résidence dans la place qu'il commande.

Le chef de corps désigne l'unité administrative à laquelle ces isolés devront être rattachés.

Quant aux isolés qui, par exception, ne pourraient être rattachés à un corps de troupe ou à un service, les timbres spéciaux leur sont envoyés directement, à raison de deux par mois, s'ils en font la demande, par le corps de troupe ou les services que le commandant aura désignés pour la mission de les pourvoir. Ces envois seront accompagnés d'un accusé de réception, que le destinataire signera et dont il fera le renvoi à l'expéditeur, pour tenir lieu d'émargement. Il n'est pas tenu pour eux de carnet nominatif.

Renseignements que comporte le carnet nominatif.

Art. 27. Le carnet nominatif contient l'indication des noms, prénoms et grades des bénéficiaires. Il fait ressortir la date d'arrivée à partir de laquelle court le droit à la délivrance des timbres spéciaux, au titre de l'unité du détachement ou du service, et la date de départ, à partir de laquelle ce même droit prend fin. Vingt-quatre colonnes sont réservées pour les émargements mensuels, à raison de deux envois par mois.

En fin d'année, une récapitulation générale fait ressortir le total des timbres utilisés par l'unité, le détachement ou le service.

Pour les hommes venus dans le courant d'un mois, par suite de mutations, d'un autre corps, service, unité, détachement ou établissement, la date à partir de laquelle court le droit à la délivrance des timbres spéciaux, dans la position nouvelle, est inscrite sur le carnet n° 4, d'après la déclaration de l'intéressé et sous sa propre responsabilité. La sincérité de cette déclaration pourra être vérifiée ultérieurement.

Est passible d'une peine disciplinaire, tout militaire qui présente une lettre pour être revêtue du timbre spécial alors qu'il a épuisé son droit, ou qui a fait une fausse déclaration en arrivant à son corps, après mutation, au sujet de la date à partir de laquelle doit courir son droit dans sa nouvelle position.

Le total des timbres employés pendant le mois, tel qu'il résulte des émargements individuels, doit concorder avec les inscriptions portées par unités sur le registre du vaguemestre (modèle n° 6).

Remise des lettres au vaguemestre après émargement des expéditeurs. — Apposition des timbres spéciaux. — Remise des lettres à l'administration des postes.

Art. 28. Les lettres appelées à bénéficier de la franchise militaire sont remises au vaguemestre ou à un gradé spécialement délégué pour ces fonctions, qui doit, sur le vu des justifications dont il sera parlé ci-après, revêtir immédiatement ces lettres du timbre spécial et en effectuer le dépôt au guichet de la poste.

Dans les corps composés de plusieurs unités, il est désigné, dans chacune d'elles, un sous-officier chargé de réunir les lettres de cette unité, de faire émarger les expéditeurs sur le carnet nominatif, de tenir ce carnet, et d'en produire chaque jour un extrait (modèle n° 7) à l'appui des lettres qu'il présente au vaguemestre.

Le vaguemestre inscrit ensuite sur le registre n° 6, dans la colonne affectée à l'unité et à la date correspondant au jour de la remise, le nombre de timbres spéciaux qu'il aura apposés sur les lettres : ce nombre doit concorder avec celui que fait ressortir l'extrait modèle n° 7 correspondant.

Les extraits sont conservés par le vaguemestre jusqu'à la vérification mensuelle, pour être produits en cas de différences constatées entre le registre n° 6 et les carnets n° 4.

Ils sont détruits après ladite vérification.

Les isolés, non rattachés à un corps de troupe ou à un service, déposent eux-mêmes leur correspondance au guichet de la poste. A défaut de bureaux de poste dans la localité où ils résident, ils la remettent aux facteurs ruraux ou la déposent dans la boîte aux lettres.

Pour les détenus travaillant sur les chantiers extérieurs, le carnet nominatif est tenu à la portion centrale, leur correspondance ne pouvant être expédiée qu'après avoir passé sous les yeux du commandant de l'établissement. L'émargement individuel est remplacé pour eux par la signature d'un sous-officier désigné.

CHAPITRE VI.

COMPTABILITÉ DES TIMBRES-POSTE SPÉCIAUX.

Comptabilité des fonctionnaires de l'intendance militaire désignés.
(Registre-balance des entrées et des sorties.)

Art. 29. En vue de suivre les mouvements de timbres qu'ils reçoivent de l'agent comptable de la fabrication, et qu'ils délivrent aux corps et services destinataires, les fonctionnaires de l'intendance militaire chargés de ce soin tiennent un registre-balance conforme au modèle n° 2, annexé à la présente instruction. Ce registre comprend deux parties distinctes; sur la première, sont inscrits, à leur date, les procès-verbaux des différences constatées à l'ouverture des paquets transmis par l'agent comptable de la fabrication (art. 7), les chiffres de l'approvisionnement de prévoyance fixés par les généraux commandant les corps d'armée et le général commandant la division d'occupation de Tunisie (art. 2), ou les augmentations et diminutions qui ont été apportées à cet approvisionnement, ainsi que toutes les circonstances de nature à faire ressortir les responsabilités encourues au point de vue de la conservation des timbres et de la régularité des délivrances faites.

Le résultat des vérifications éventuelles de l'approvisionnement y est également mentionné.

La deuxième partie fait ressortir, par trimestre, les mouvements d'entrée et de sortie des timbres (art. 9, 11, 23).

Chaque entrée ou sortie est inscrite à sa date et porte un numéro d'ordre correspondant à la pièce justificative de recette ou de dépense. Les entrées ou sorties sont balancées au moment de l'établissement des demandes trimestrielles à adresser à l'agent comptable de la fabrication, avant le 25 du dernier mois du trimestre (art. 4).

Au-dessous de la différence, on reporte le total du stock de prévoyance.

Le nouveau résultat obtenu fait ressortir un nombre de timbres inférieur, égal ou supérieur au chiffre fixé pour l'approvisionnement réglementaire.

Si le nombre des timbres est inférieur ou supérieur à cet approvisionnement, les quantités en moins ou en plus sont ajoutées ou déduites sur l'état trimestriel (modèle n° 1) adressé à l'agent comptable de la fabrication.

Comptabilité des trésoriers ou comptables et des vaguemestres,
chargés de la délivrance des timbres aux expéditeurs.

Art. 30. L'article 3 du décret du 23 mars 1901 prescrit la tenue d'un registre coté et paraphé qui doit faire ressortir l'entrée et la sortie des timbres.

Ce registre est conforme au modèle n° 5, annexé à la présente instruction; il est tenu, soit par le trésorier ou le comptable dans les corps et services qui en sont pourvus, soit par un officier (ou à défaut par un sous-officier) désigné par le chef du détachement ou par le chef de service dans le cas contraire.

On y inscrit les restants au premier jour du trimestre, le nombre des timbres reçus successivement, ceux qui ont été délivrés : contre émargement au vaguemestre, contre reçus aux chefs de détachements, les timbres soit perdus soit renvoyés au sous-intendant.

De son côté, le vaguemestre tient un registre modèle n° 6 sur lequel il inscrit les timbres reçus du trésorier, du comptable ou du chef de détachement, ainsi que les consommations journalières par unité d'après les émargements du carnet n° 4 relevés sur les extraits journaliers n° 7. Pour chaque unité, il doit y avoir toujours concordance entre le total des émargements du carnet nominatif correspondant. La balance des recettes et des consommations fait ressortir à tout moment le nombre des timbres dont le vaguemestre est comptable.

Ces deux registres ainsi que les pièces à l'appui, sont vérifiés mensuellement, soit par le major ou l'officier qui en remplit les fonctions soit par le chef de détachement ou de service. Si des différences sont constatées entre les inscriptions du registre n° 6 et celles du carnet n° 4, le vérificateur se reporte aux extraits n° 7, et peut ainsi se rendre compte si l'erreur vient du vaguemestre ou de l'unité.

Le registre modèle n° 5 fait ressortir, au 31 décembre de chaque année, le nombre des timbres reçus, consommés, perdus ou renvoyés au sous-intendant, et, par différence, le nombre des timbres restant disponibles au corps.

Le registre modèle n° 6 fait ressortir à la même date le nombre des timbres restant à la disposition du vaguemestre.

Situations à fournir au 31 décembre de chaque année.

Art. 31. Au moyen des indications consignées sur les registres modèles 1 et 6, le trésorier ou le comptable établit une situation modèle n° 8 des timbres reçus, consommés et restant disponibles au corps au 31 décembre de chaque année.

Cette situation, après avoir été vérifiée et certifiée par le chef de corps, de service ou de détachement, est adressée au fonctionnaire de l'intendance chargé du service de la franchise postale.

Une situation est établie dans la même forme pour les opérations du sous-intendant militaire.

Affranchissement.   1.

Relevés généraux à fournir par les fonctionnaires
de l'intendance chargés du service.

Art. 32. Les situations fournies par les corps ou services, en exécution de l'article précédent sont récapitulées par le fonctionnaire de l'intendance chargé du service, dans un relevé général de même modèle, faisant rssortir, au 31 décembre de chaque année, le nombre des timbres reçus, consommés et restant disponibles dans l'ensemble des corps ou services compris dans sa circonscription.

Il ajoute au total des timbres disponibles ceux qu'il a conservés lui-même, et qui constitueront un approvisionnement de prévoyance, d'après la situation, modèle n° 8, afférente aux opérations de la sous-intendance.

Ce relevé général est dressé en deux expéditions, qui sont envoyées, par l'intermédiaire du directeur de l'intendance, au général commandant le corps d'armée, puis transmises par lui après visa, pour l'ensemble du corps d'armée, au Ministre de la guerre (cabinet du Ministre — Correspondance générale). Le Ministre en fait parvenir une expédition à l'administration des postes.

Fourniture des registres et imprimés.

Art. 33. Les registres et imprimés dont les modèles sont annexés à la présente instruction doivent être achetés directement par les corps et services.

La dépense résultant de ces achats sera supportée par les frais de service des fonctionnaires de l'intendance militaire et par les frais de bureaux des trésoriers des corps de troupe ou comptables des hôpitaux et établissements.

CHAPITRE VII.

CONTRÔLE.

Contrôle de l'administration des postes.

Art. 34. La production des carnets nominatifs, du registre du trésorier et du registre du vaguemestre peut être réclamée par le service des postes pour les nécessités du contrôle.

Inspection des fonctionnaires du corps du contrôle
de l'administration de l'armée.

Art. 35. La comptabilité des timbres-poste spéciaux est soumise à l'inspection permanente (examen et vérification) des fonctionnaires du corps du contrôle de l'administration de l'armée.

11ᵉ CORPS D'ARMÉE.

MODÈLE Nº 1.

SOUS-INTENDANCE
MILITAIRE
DE LORIENT.

RÉPUBLIQUE FRANÇAISE.

Instruction ministé-
rielle du 3 mai 1902.

ARMÉE DE TERRE.

FORMAT :
Hauteur.......... 0ᵐ,26
Largeur.......... 0ᵐ,18

(ARMÉE MÉTROPOLITAINE ET TROUPES COLONIALES.)

Service de la franchise militaire.

Demande du fonctionnaire de l'intendance désigné à Lorient, à M. l'agent comptable de la fabrication des timbres-poste à Paris.

CORPS OU SERVICES A APPROVISIONNER EN TIMBRES SPÉCIAUX.			EFFECTIFS A POURVOIR A RAISON DE :			OBSERVA-TIONS.
DÉSIGNATION DES CORPS OU SERVICES.	NOMBRE DE TIMBRES					
	demandés par les corps ou services	disponibles dans les corps ou services.				
1	2	3	4	5	6	7
....	....	....	....	....		
62ᵉ régiment d'infant.						
....	....	....	....	....	....	
TOTAUX........	62,625	11,350	8,245	2,116	2,650	
Report de la colonne 3.	11,350					
RESTE à fournir ...	51,275		TOTAL GÉNÉRAL de l'effectif : 13,011.			
A ajouter : Réapprovisionnement du stock de pré-voyance............	1,350					
ou : A déduire, excédent du stock de prévoyance.	....					
TOTAL à recevoir..	52,625					

A Lorient, le   190 .

Le Sous-Intendant militaire,

11ᵉ CORPS D'ARMÉE

ARRONDISSEMENT
DE FOURNITURE
DE LORIENT.

RÉPUBLIQUE FRANÇAISE.

MODÈLE Nᵒ 2.

Instruction ministé-
térielle
du 3 mai 1902.

FORMAT :
Hauteur.......... 0ᵐ,26
Largeur.......... 0ᵐ,18

ARMÉE DE TERRE.

(ARMÉE MÉTROPOLITAINE ET TROUPES COLONIALES.)

Détail pour l'arrondissement de fourniture de Lorient.

REGISTRE-BALANCE

pour la comptabilité des timbres-poste spéciaux utilisés pour le service
de la franchise militaire.

Le présent registre, contenant vingt-deux feuillets, a été coté et paraphé
par nous N....., {sous-intendant militaire à Lorient, pour être tenu conformément aux dispositions de l'instruction du

A Lorient, le   190 .

Le Sous-Intendant militaire,

N....

Ire PARTIE.

Enregistrement des procès-verbaux rapportés en cas de différences constatées lors de l'ouverture des paquets transmis par
l'agent comptable de la fabrication des timbres. Montant du stock
de prévoyance (mention des augmentations et diminutions auto-
risées), pertes, détériorations, etc.

IIe PARTIE.

COMPTABILITÉ DES TIMBRES-POSTE SPÉCIAUX.

Nos des pièces justificatives.	DATES des ENTRÉES	NATURE des ENTRÉES.	Nombre de timbres-poste.	Nos des pièces justificatives.	DATES des SORTIES	INDICATION des SORTIES.	Nombre de timbres-poste.
		ENTRÉES.				SORTIES.	
		e ANNÉE.					
		2e TRIMESTRE.					
»	»	Reste en approvisionnement......	5.000	»	8 avril.	régiment d'infanterie...............	5.000
»	5 avril.	Reçu de l'agent comptable........	15.000	»	»	Section de	600
»	10 avril.	Remise du corps (ou service)...........	700	»	»	Hôpital de	950
»	16 mai.	Envoi de figurines détériorées du corps (ou service).	300	»	»	Hospice civil de	50
				»	5 mai.	Réapprovisionnement du corps (ou service)	800
		Balance au...	21.000	»	15 mai.	régiment d'artillerie.............	4.500
		Report des sorties.	12.200	»	16 mai.	Renvoi des figurines détériorées du corps (ou service).	300
		Reste en approvisionnement........	8.800				12.200
		Stock de prévoyance	10.000				
		(1)	1.200				

(1) Quantités en plus ou en moins à ajouter ou à déduire dans l'état trimestriel pour maintenir l'approvisionnement de prévoyance au chiffre réglementaire.

11ᵉ CORPS D'ARMÉE.

MODÈLE N° 3.

RÉPUBLIQUE FRANÇAISE.

Instruction ministé-
rielle
du 3 mai 1902.

4ᵉ TRIMESTRE 1902.

ARMÉE DE TERRE
(ARMÉE MÉTROPOLITAINE
ET TROUPES COLONIALES).

FORMAT :
Hauteur......... 0ᵐ,26
Largeur......... 0ᵐ,18

FRANCHISE MILITAIRE.

Corps, service
ou
portion de corps

6_ᵉ RÉGIMENT D'INFANTERIE A LORIENT.

Demande de timbres-poste spéciaux.

	EFFEC-TIFS.	Fixation à raison de 2 timbres par mois par homme de l'armée active et de 2 timbres par période pour les hommes de la réserve et de l'armée territoriale.	NOMBRE de TIM-BRES-POSTE néces-saires.	TOTAL.
Effectif probable au 1ᵉʳ jour du 4ᵉ tri-mestre....................	850	6	5.100	
Augmenter pour (A)...... { Réservistes convoqués le 7 octobre.............	116	2	232	6.878
Jeunes soldats à recevoir en novembre.........	325	4	1.300	
Territoriaux convoqués le 17 décembre........	123	2	246	
A déduire pour (A)...... { Hommes de la classe 189, à libérer le 10 octobre.	147	4	588	588
DIFFÉRENCE...				6.290
A déduire : Nombre de timbres disponibles...................				2.250
RESTE..........				4.040
A ajouter : pour arrondir à un multiple de 25................				10
TOTAL du nombre de timbres nécessaires pour le 4ᵉ trimestre 190 .				4.050

ARRÊTÉ à la quantité de *quatre mille cinquante* timbres spéciaux.

A Lorient, le 15 septembre 1902.

Le Chef de corps, de service ou de détachement,

(A) On doit ne tenir compte
que des mouvements d'une cer-
taine importance.

11ᵉ CORPS D'ARMÈE.

RÉPUBLIQUE FRANÇAISE.

, MODÈLE Nᵒ 4.

—

(1) Indiquer le corps *ou* service *ou* portion de corps.
(2) Indiquer l'autorité chargée de la tenue du carnet.
(A) Major, chef de service ou de détachement.

Instruction
ministérielle du
3 mai 1902.

FORMAT :

Hauteur.......... 0ᵐ,48
Largeur.......... 0ᵐ,32

ARMÉE DE TERRE

(ARMÉE MÉTROPOLITAINE ET TROUPES COLONIALES.)

Corps *ou* service
ou portion de
corps.

ANNÉE 190 .

CARNET NOMINATIF

des militaires du (1)

appelés à bénéficier de la franchise militaire dans les conditions prévues par la loi du 29 décembre 1900 et le règlement d'administration publique du 23 mars 1901.

Le présent carnet nominatif, contenant   feuillets a été coté et parafé par nous (A)   et remis à (2)   , pour être tenu conformément aux dispositions de l'Instruction du

A   , le   190 .

(Cachet.)

NOTA. — *Tout militaire qui, dans le cours d'un mois. n'a pas épuisé son droit, perd*
Les absences, autres que celles prévues à l'article 2 de l'instruction comme donnant
en détention), seront inscrites, dans la colonne destinée à recevoir les mutations, de
corporation des hommes : A 10/11, lire : arrivé le 10 novembre.

N° MATRICULE.	NOMS ET PRÉNOMS.	GRADES.	Mutations. (Dates d'arrivée et de départ).	JANVIER.		FÉVRIER.		MARS.		AVRIL.		MAI.		JU
				1er envoi.	2e envoi.	1er envoi.	2e envoi.	1er envoi.	2e envoi.	1er envoi.	2e envoi.	1er envoi.	2e envoi.	1er envoi.
	Total de la page......													
	Report de la page précédente...													
	Total............													

BÉNÉFICIAIRES.   **ENVOIS ET**

le bénéfice des timbres non utilisés pendant le mois.
droit à l'exemption du port (en traitement dans les hôpitaux militaires ou civils, ou
la manière suivante : P 6/2 ; R 5/3, lire : parti le 6 février, rentré le 5 mars, et l'in-

ÉMARGEMENTS.													OBSERVATIONS ET VÉRIFICATIONS mensuelles du major, du chef de service ou de détachement.
IN.	JUILLET.		AOUT.		SEPTEMB.		OCTOBRE.		NOVEMB.		DÉCEMB.		
2ᵉ envoi.	1ᵉʳ envoi.	2ᵉ envoi.	1ᵉʳ envoi.	2ᵉ envoi.	1ᵉʳ envoi.	2ᵉ envoi.	1ᵉʳ envoi.	2ᵉ envoi.	1ᵉʳ envoi.	2ᵉ envoi.	1ᵉʳ envoi.	2ᵉ envoi.	

Récapitulation au 31 décembre 190 .

Janvier . . . .

Février . . . .

Mars . . . .

Avril . . . .

Mai . . . .

Juin . . . .

Juillet . . . .

Août . . . .

Septembre . . . .

Octobre . . . .

Novembre . . . .

Décembre . . . .

TOTAL GÉNÉRAL des envois constatés . . . .

A   , le   190 .

Le

11ᵉ CORPS D'ARMÉE.

RÉPUBLIQUE FRANÇAISE.

MODÈLE Nº 5.

Instruction ministé-
rielle
du 3 mai 1902.

FORMAT :
Hauteur......... 0ᵐ,34
Largeur 0ᵐ,22

ARMÉE DE TERRE.

(Armée métropolitaine et troupes coloniales.)

FRANCHISE MILITAIRE.

Indication
du corps ou service. { 62ᵉ *RÉGIMENT D'INFANTERIE A LORIENT.*

REGISTRE pour la comptabilité des timbres-poste spéciaux.

Le présent registre, contenant   feuillets, celui-ci compris, a été
coté et parafé par nous (1)   , pour servir à la comptabilité des timbres-poste spéciaux et pour être tenu conformément aux dispositions de l'instruction du

A Lorient, le   190 .

(1) Major, chef de détachement ou de service.

NOTA. — Toutes les entrées et sorties sont portées au présent registre par les soins
du trésorier ou de celui qui remplit les fonctions.
La comptabilité est arrêtée en fin de chaque mois.
Elle est vérifiée inopinément et, en tous cas, périodiquement au commencement de
chaque mois, pour le mois précédent.
Les résultats de la vérification sont consignés sur les pages laissées en blanc en tête
du présent registre.
Tout mouvement doit être justifié, soit par l'émargement des vaguemestres, soit par
une pièce d'entrée ou de sortie dûment signée par l'expéditeur ou le destinataire.

ENTRÉES.				SORTIES.				
N°. des pièces.	DATES des ENTRÉES.	NATURE des ENTRÉES.	NOMBRE de pièces.	N°. des pièces.	DATES des SORTIES.	NATURE des SORTIES.	NOMBRE de timbres.	ÉMARGE-MENT.

Mois d'avril 1902.

N°. des pièces.	DATES des ENTRÉES.	NATURE des ENTRÉES.	NOMBRE de pièces.	N°. des pièces.	DATES des SORTIES.	NATURE des SORTIES.	NOMBRE de timbres.	ÉMARGE-MENT.
»	1er avril.	Reste en approvisionnement.	2.100	»	1er avril.	A la 1re compag. (vaguemestre)	200	Pierre.
7	3 avril.	Reçu du sous-intendant....	6.750	»	Id.	A la 2e compag. (vaguemestre)	150	Paul.
		TOTAL des entrées du mois.	8.850	»	Id.	A la 3e compag. (vaguemestre)	250	Jean.
		Report des sorties..........	2.815	11	Id.	Au détachement de Belle-Isle..	600	»
		Reste au 30 avril	6.035	6	6 avril.	A la 1re compag. (vaguemestre)	150	Pierre.
				»	Id.	A la 2e compag. (vaguemestre)	110	Paul.
				12	20 avril.	Détériorés renvoyés au sous-intendant....	75	»
						TOTAL des sorties du mois.	2.815	

Mois de mai 1902.

N°. des pièces.	DATES des ENTRÉES.	NATURE des ENTRÉES.	NOMBRE de pièces.	N°. des pièces.	DATES des SORTIES.	NATURE des SORTIES.	NOMBRE de timbres.	ÉMARGE-MENT.
»	1er mai.	Reste en approvisionnement.	6.035	»	»	»	»	»

11ᵉ CORPS D'ARMÉE.

PLACE DE

RÉPUBLIQUE FRANÇAISE.

MODÈLE Nº 6.

Instruction
ministérielle du
3 mai 1902.

ARMÉE DE TERRE

FORMAT :

Hauteur 0ᵐ,34
Largeur 0ᵐ,22

(**Armée métropolitaine et Troupes coloniales**).

FRANCHISE MILITAIRE.

Corps,
portion de corps
ou service.

} 62ᵉ *RÉGIMENT D'INFANTERIE.*
DÉTACHEMENT DE BELLE-ISLE.

REGISTRE DU VAGUEMESTRE

POUR LA

COMPTABILITÉ DES TIMBRES-POSTE SPÉCIAUX.

Le présent registre, contenant   feuillets, celui-ci compris, a été coté et paraphé, du premier au dernier, par nous (1)   , pour servir à la comptabilité des timbres-poste spéciaux, utilisés pour le service de la franchise militaire, et remis au vaguemestre, pour être tenu conformément aux dispositions de l'instruction du

A Belle-Isle, le   190 .

(1) Major, chef de détachement ou de service.

La comptabilité est vérifiée inopinément et, en tous cas, périodiquement au commencement de chaque mois, pour le mois précédent.

On doit rapprocher le total des consommations, pour chaque unité, du nombre des émargements portés au carnet nº 4 de l'unité. En cas de différences constatées, on se reporte aux extraits nominatifs journaliers pour déterminer la cause de l'erreur.

Le vaguemestre doit, en vue d'une vérification rapide, présenter les extraits nominatifs classés par unité.

Le résultat de la vérification est consigné dans la colonne « Observations ».

DÉTAIL DES ENTRÉES ET SORTIES.

MOIS D   190 .

DATES.	DÉSIGNATION DES UNITÉS.								TOTAL des sorties journalières.	ENTRÉES. — Timbres reçus du trésorier ou restant en compte	OBSERVATIONS et VÉRIFICATIONS.
	SECTION ou S. H. R.	1ᵉʳ	2ᵉ	3ᵉ	4ᵉ	5ᵉ	6ᵉ				
Report des timbres restant au compte au dernier jour du mois précédent										157	
1	2	5	3	9	5	2	6		54	600	
2	»	»	»	3	»	»	»		43	»	
3	»	»	»	7	»	»	»		39	»	
4	»	»	»	5	»	»	»		65	»	
5	»	»	»	8	»	»	»		71	»	
6	»	»	»	1	»	»	»		55	»	
7	»	»	»	2	»	»	»		43	»	
8	»	»	»	9	»	»	»		51	»	
9	»	»	»	6	»	»	»		83	»	
10	»	»	»	5	»	»	»		57	»	
11	»	»	»	3	»	»	»		27	»	
12	»	»	»	»	»	»	»		73	»	
13	»	»	»	6	»	»	»		53	»	
14	»	»	»	2	»	»	»		49	»	
15	»	»	»	1	»	»	»		67	»	
16	»	»	»	3	»	»	»		49	»	
17	»	»	»	6	»	»	»		65	»	
18	»	»	»	9	»	»	»		33	»	
19	»	»	»	1	»	»	»		17	»	
20	»	»	»	3	»	»	»		29	»	
21	»	»	»	2	»	»	»		51	800	
22	»	»	»	5	»	»	»		63	»	
23	»	»	»	7	»	»	»		29	»	
24	»	»	»	1	»	»	»		82	»	
25	»	»	»	9	»	»	»		71	»	
26	»	»	»	10	»	»	»		79	»	
27	»	»	»	»	»	»	»		125	»	
28	»	»	»	7	»	»	»		193	»	
29	»	»	»	1	»	»	»		133	»	
30	»	»	»	14	»	»	»		153	»	
31	»	»	»	18	»	»	»		130	»	
TOTAUX.	2	5	3	163	5	2	6		2.132	2.257	
Différence restant en compte au dernier jour du mois.										125	

MODÈLE N° 7.

Corps,
portion de corps ⎱
ou ⎰
service.

62° *RÉGIMENT D'INFANTERIE.*

DÉTACHEMENT DE BELLE-ISLE.

Instruction ministé-
rielle du 3 mai 1902.

Unité : ⎰ 6° COMPAGNIE.

FORMAT :
Hauteur..... 0ᵐ,17
Largeur..... 0ᵐ,22

LISTE NOMINATIVE *des lettres remises au vaguemestre* le 15 mars 1902.

(NOTA. — Cette liste, même néant, doit être remise chaque jour au vaguemestre.)

N°ˢ matricules.	NOMS.	GRADES	NOMBRE de lettres remises.	OBSERVATIONS.	N°ˢ matricules.	NOMS.	GRADES	NOMBRE de lettres remises.	OBSERVATIONS.
						Report.........		5	
	M..........	Sergent.	1						
	N	Caporal.	1						
	O..........	Soldat.	2						
	P..........	Soldat.	1						
	A reporter.....		5			TOTAL.........		5	

A Belle-Isle, le 15 mars 1902.

Le Sous-Officier désigné,

CORPS D'ARMÉE { Corps, service ou détachement ou Sous-Intendance militaire de

Modèle N° 8.

Instruction ministérielle du 3 mai 1902.

FORMAT :
Hauteur...... 0m18
Largeur...... 0m25

SITUATION, au 31 décembre, des timbres-poste spéciaux, reçus, consommés et restant disponibles.

DISPONIBLES au 1er janvier, colonne 9 de la situation annuelle précédente.	REÇUS pendant l'année.	TOTAL des colonnes 1 et 2.	REMIS à	TIMBRES perdus ou renvoyés.	TOTAL des colonnes 4 et 5.	DISPONIBLES au 31 décembre entre les mains du Différence entre les col. 3 et 6.	DISPONIBLES au 31 décembre.	TOTAL des timbres disponibles. Total des colonnes 7 et 8.	OBSERVATIONS.
1	2	3	4	5	6	7	8	9	10

VÉRIFIÉ et CERTIFIÉ :

Le (Chef de corps, service ou détachement),

A , le décembre 190

Le { ou : Trésorier ou Comptable
ou : Le Sous-Intendant militaire.

NOTA. — Inscriptions à porter en tête des colonnes :

PAR LES CORPS ET SERVICES :	PAR LE SOUS-INTENDANT :
Colonne 4... Aux vaguemestres et aux chefs de détachement.	Aux corps, services et détachements du sous-intendant.
Colonne 7... Du trésorier.	»
Colonne 8... Entre les mains des vaguemestres ou des chefs de détachement.	»

Paris et Limoges. — Imprimerie militaire Henri CHARLES-LAVAUZELLE.

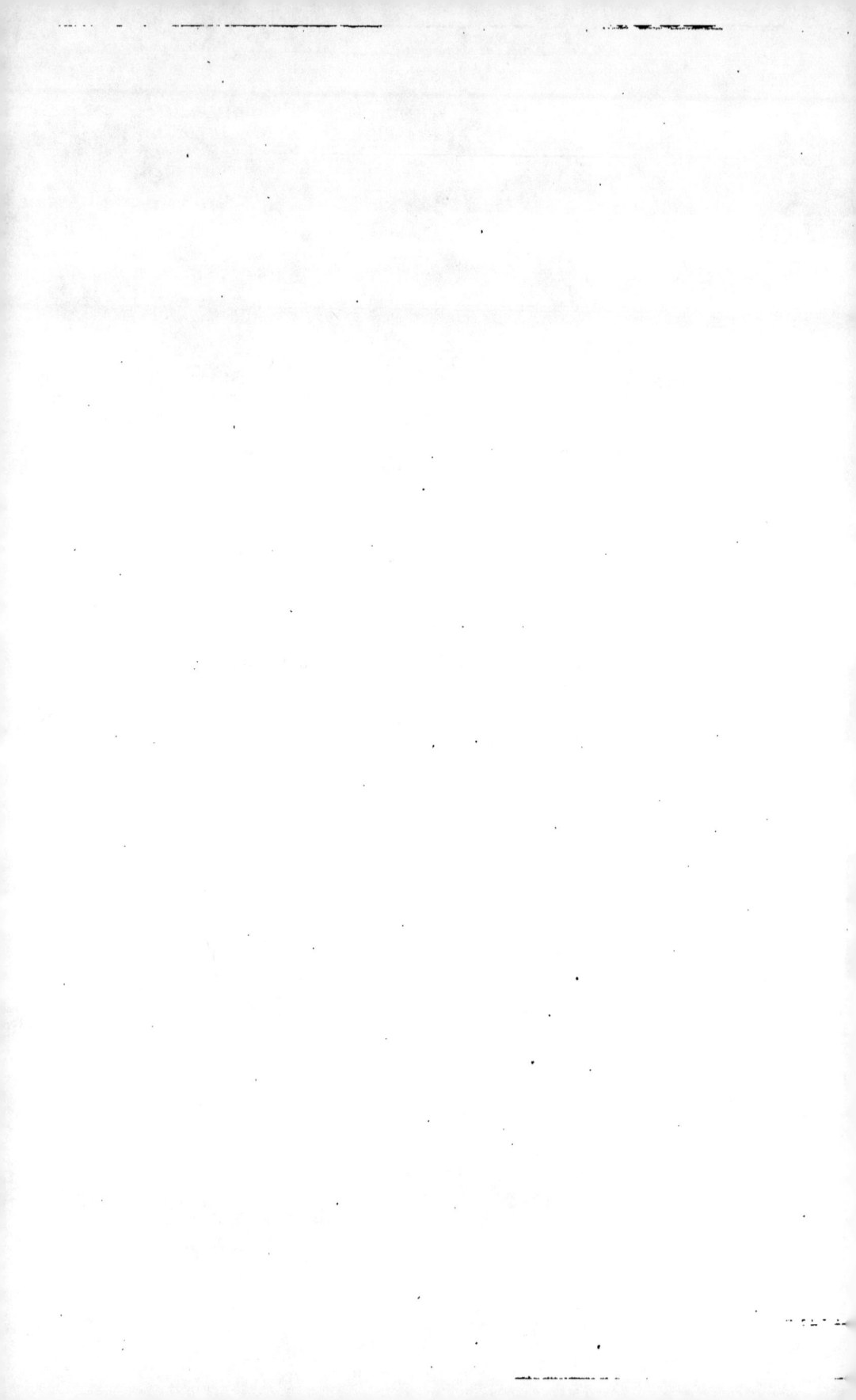

Librairie militaire Henri CHARLES-LAVAUZELLE
Paris et Limoges.

REFONTE DU BULLETIN OFFICIEL DU MINISTÈRE DE LA GUERRE

Instruction du 5 mai 1899 sur l'utilisation en temps de guerre des ressources du territoire national pour l'hospitalisation des malades et des blessés de l'armée. 338 pages, broché, *franco*, 3 fr, 75; relié toile, *franco*... 4 75

Service dans les places de guerre et les villes ouvertes, suivi des annexes : Etat de siège, honneurs et préséances, cercles et bibliothèques militaires (à jour au 15 septembre 1898). 260 pages broché, *franco*, 2 fr. 25; relié toile, *franco*.. 3 25

Service des armées en campagne, suivi des droits au commandement : officiers français, officiers étrangers; de la déclaration signée à Saint-Pétersbourg à l'effet d'interdire l'usage de certains projectiles en temps de guerre. — *Prisonniers de guerre*, suivi du décret du 4 août 1811 concernant les prisonniers de guerre et otages, de la convention internationale de Genève et de l'instruction sur les historiques des corps de troupe. (A jour au 1er juin 1898.) 192 pages, avec modèles, broché, *franco*, 1 fr. 75; relié toile, *franco*................................... 2 50

Règlement ministériel du 20 novembre 1889 sur l'organisation et le fonctionnement du service des étapes aux armées (à jour au 31 décembre 1898), 120 pages, broché, *franco*, 1 fr. 20; relié toile *franco*.. 2 »

Règlement du 25 novembre 1899 sur le service de santé de l'armée à l'intérieur.
TEXTE (à jour au 1er septembre 1898), 492 pages, broché, *franco*, 3 fr. 50; relié toile, *franco*....................................... 4 50

Service vétérinaire de l'armée (à jour au 15 août 1898). 428 pages, broché, *franco*, 3 fr. 50; relié toile, *franco*............................... 4 50

Services divers :
TOME I (à jour au 1er novembre 1896). 324 pages, broché, *franco*, 2 fr. 25; relié toile, *franco*................................. 3 25
TOME II (à jour au 1er janvier 1900). 136 pages, broché, *franco*, 1 fr. 25; relié toile, *franco*...................................... 2 »

Hôtel des Invalides. (Edition conforme aux textes en vigueur à la date du 1er avril 1900.) 140 pages broché, *franco*, 1 fr. 25; relié toile, *franco*. 2 »

Situations d'effectif (modèles mis à jour jusqu'au 15 avril 1900). 94 pages, broché, *franco*, 2 fr. 50; relié toile, *franco*.................. 3 50

Solde et revues (Décret du 29 mai 1890).
TEXTE (à jour au 1er mai 1899), 240 pages, broché, *franco*, 1 fr. 75; relié toile, *franco*... 2 50
MODÈLES (à jour au 15 juin 1898). 408 pages, broché, *franco*, 3 fr. 50; relié toile, *franco*... 5 »

Tarifs de solde. Décret du 27 décembre 1899 (à jour au 15 septembre 1896). 132 pages, broché, *franco*, 1 franc; relié toile, *franco*.............. 1 75

SERVICE DES SUBSISTANCES MILITAIRES. — **Notices** concernant l'exécution des différentes branches de ce service.
TOME Ier comprenant les notices nos 1 à 9 inclus. 640 pages, broché, *franco*, 5 francs; relié toile, *franco*...................................... 6 50
TOME II comprenant les notices nos 10 à 18 inclus. 768 pages, broché, *franco* 6 francs; relié toile, *franco*....................................... 7 50

Instruction du 22 août 1899, sur le service des subsistances militaires en campagne. 100 pages, broché, *franco*, 1 franc; relié toile, *franco* 1 50

Instruction du 22 août 1899 concernant les officiers d'approvisionnement. 148 pages, broché, *franco*, 1 fr. 25; relié toile, *franco*........ 2 »

Règlement du 9 juin 1896, sur l'organisation, le rôle et l'emploi des boulangeries de campagne. Instruction ministérielle du 9 juin 1876 pour leur fonctionnement technique. 116 pages, broché, *franco*, 1 franc; relié toile, *franco*.. 1 75